Der kleine Ratgeber

WISSEN BRAUCHT KEIN BLABLA

ALEXIS SKILLTEN

SELBSTLIEBE

In 10 Schritten zu mehr Selbstakzeptanz, Selbstwertgefühl und innerer Stärke

DER KLEINE RATGEBER

Hinweis zum Einsatz von Künstlicher Intelligenz (KI)

Echt menschlich! DER KLEINE RATGEBER verzichtet bewusst auf KI-generierte Texte und Bilder. Während der Einsatz von künstlicher Intelligenz in der Buchbranche zunimmt, veröffentlichen wir ausschließlich Bücher von Autorinnen und Autoren aus Fleisch und Blut. So entsteht kein Text automatisch, sondern wird mit Sorgfalt, Fachwissen und persönlicher Erfahrung geschrieben.

Der kleine Ratgeber
ein Unternehmen des Audacia Verlags,
Véronique Hübner, Deichreihe 8, D-21729 Freiburg/Elbe

Cover: Véronique Hübner/Zdenek Sasek
Buchsatz: Véronique Hübner
Illustrationen: Zdenek Sasek
Korrektorat: Annette Beyer
ISBN 978-3-91111-022-8

Kein Mensch kann sich ohne sein

Einverständnis wohlfühlen.

Mark Twain

INHALTSVERZEICHNIS

DAS ZIEL

10 SCHRITTE

NACHGANG

Ein kleiner Hinweis:

Bei traumatisierten Menschen könnte das Auseinandersetzen mit unterdrückten Gefühlen und Bedürfnissen eine Retraumatisierung auslösen. Gehörst du dazu, ist es ratsam, sicherzustellen, dass du ausreichende Ressourcen zur Verfügung hast. Fachliche Unterstützung kann dabei helfen.

Solltest du auf deinem Weg Momente haben, in denen dich unangenehme Gefühle oder Situationen zu überwältigen drohen, kannst du hier Hilfe suchen:
Telefonseelsorge: 0800 111 0 111 oder 0800 111 0 222
Nummer gegen Kummer (für Kinder und Jugendliche): 116 111

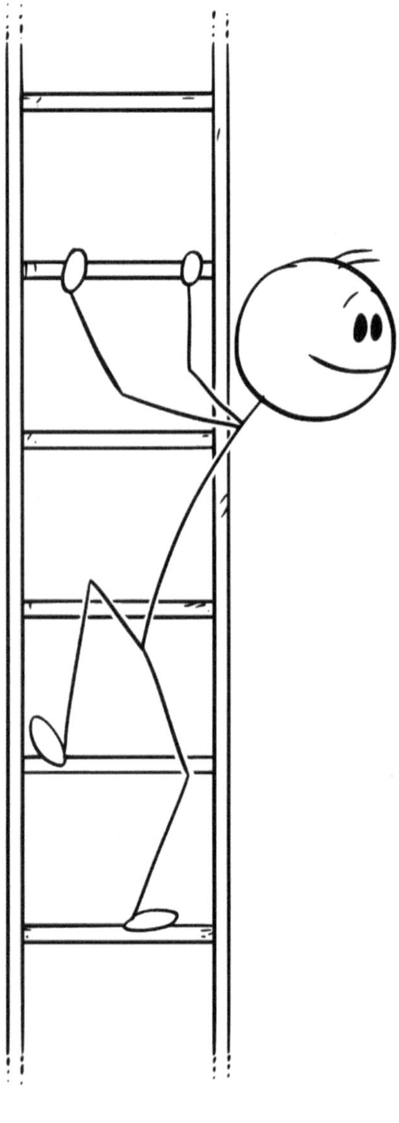

DAS ZIEL
WAS KANN ICH ERREICHEN?

Mit Hilfe dieses kleinen Ratgebers lernst du, was Selbstliebe bedeutet und was sie alles bewirken kann: Je größer deine Selbstliebe wird, desto mehr kannst du dich so akzeptieren, wie du bist. Dein Selbstwertgefühl und damit auch dein Selbstbewusstsein wächst und du wirst immer weniger von anderen abhängig. Das gibt dir die Sicherheit, mehr nach deinen inneren Werten handeln zu können und authentisch zu sein.

Kleine Übungen, Tricks, Denkanstöße und Tipps können dir helfen, deine Selbstliebe Schritt für Schritt zu steigern und so dein Lebensgefühl nachhaltig zu ändern: Magst du dich selbst, wirst du gelassener, positiver – das Leben wird dir wahrscheinlich einfach mehr Freude machen.

An manchen Stellen wirst du aufgefordert, aktiv mitzuarbeiten. Du kannst dir ein Notizbuch oder einen Ordner besorgen und dort deine Gedanken und Ergebnisse festhalten; vielleicht interessiert es dich, deinen persönlichen Weg zu verfolgen.

Alle Listen und Grafiken zur Mitarbeit stehen dir auch als Download zur Verfügung.

https://t1p.de/Selbstliebe325

Die einzelnen Schritte müssen nicht der Reihe nach gelesen werden. Fange gerne bei den Themen an, die dich am meisten ansprechen, du kannst zwischen den einzelnen Kapiteln hin und her hüpfen. Das wiederholte Lesen der Texte hilft dabei, die Inhalte zu verinnerlichen – das alleine ist schon ein großer Schritt hin zu mehr Selbstliebe.

SCHRITT 1

WAS IST SELBSTLIEBE UND WOZU IST SIE GUT ?

Wo Selbstakzeptanz unsere ganze Person mit all ihren Stärken und Schwächen annimmt (akzeptieren kommt von dem lateinischen Wort acceptare = annehmen), geht die Selbstliebe einen Schritt weiter: Sie beschreibt die positive, wertschätzende Wahrnehmung unserer selbst.

Uns anzunehmen bedeutet, uns wertfrei so zu sehen, wie wir sind – mit all unseren Macken und Schwächen. Uns selbst zu lieben bedeutet, uns als wertvoll und liebenswert zu empfinden. Beides sind wichtige Voraussetzungen für ein gutes Selbstwertgefühl und veranlassen uns dazu, liebevoll mit uns selbst umzugehen.

Selbstliebe ist nicht egoistisch, denn wir sind dabei nicht auf unsere Vorteile, sondern auf unser Wohlergehen bedacht. Und anders als bei der Selbstverliebtheit wertet sie weder andere ab noch lässt sie uns glauben, wir seien besser als der Rest. Uns zu lieben schließt nicht aus, auch auf unsere Mitmenschen zu achten – nur sollten wir dabei deren Bedürfnisse nicht über unsere eigenen stellen.

Wie jede Form der „reinen“ Liebe ist Selbstliebe wertfrei und bedingungslos. Gedanken wie: „Ich muss nur noch das und das ändern, dann kann ich mich auch selbst lieben/akzeptieren“ widersprechen dieser Idee. So, wie wir andere Menschen lieben können, obwohl uns nicht immer alles gefällt, was sie tun und obwohl sie nicht perfekt sind, können wir das mit Übung und Geduld auch bei uns selbst lernen. Denn Selbstliebe ist ganz unabhängig von unseren (vermeintlichen) Fehlern.

Oft merken wir schon bald kleine Fortschritte, wenn wir es ernsthaft und stetig versuchen. Haben wir die ersten Schritte gemacht, stellen wir nach einer Weile fest, dass sich langsam etwas ändert. Es scheint, als ob die Welt freundlicher wird, die Menschen netter und unsere Chancen größer. Dabei ist es nicht das Umfeld, das sich plötzlich ändert – wir sind es!

Wenn wir jede Veränderung, im Innen wie im Außen, bewusst wahrnehmen, dann kann das eine enorme Motivation dafür sein, am Ball zu bleiben. Denn jedes bisschen mehr an Selbstliebe fühlt sich richtig gut an!

VORTEILE DER SELBSTLIEBE

- Stärkeres Selbstwertgefühl: Wir fühlen uns wertvoll und liebenswert
- Mehr Selbstvertrauen: Wir vertrauen den eigenen Fähigkeiten und Kompetenzen
- Vermehrte Gelassenheit: Wir werden nicht so stark von äußeren Faktoren und Vorkommnissen beeinflusst
- Mehr emotionale Stabilität: Uns wirft nicht so viel aus der Bahn, wir können Krisen gut bewältigen
- Erhöhte Resilienz: Wir können uns besser von schweren Situationen, Stress und Rückschlägen erholen
- Mehr Zufriedenheit und Glück im Alltag: Wir fühlen uns öfter innerlich erfüllt
- Besser und leichter Grenzen setzen: Wir können uns schützen und unsere Bedürfnisse verteidigen
- Erhöhte Selbstwirksamkeit: Wir wissen, dass wir durch unser Handeln und unsere Fähigkeiten viel erreichen können
- Mehr Motivation: Wir haben Lust und Energie, unsere eigenen Ziele zu verfolgen
- Verbesserte Selbstakzeptanz und innerer Frieden: Wir sind zufrieden mit dem, was und wie wir sind

- Besseres „Kraftbewusstsein“: Wir können einschätzen, wie viel Kraft und Energie wir gerade zur Verfügung haben
- Mehr Lebensenergie: Wir spüren mehr Kraft, Energie und fühlen uns gesünder
- Verbessertes Wohlbefinden: Wir fühlen uns öfter richtig gut
- Mehr Selbstachtung und Empathie: Wir können vermehrt gesunde und bedeutende zwischenmenschliche Beziehungen führen
- Beziehungen im Gleichgewicht: Wir laufen nicht so schnell Gefahr, in eine Abhängigkeit oder in eine Dominanz zu rutschen, bzw. andere auf- oder abzuwerten
- Authentisches Auftreten und Verhalten: Wir fördern ein ehrliches Umfeld, indem wir uns so geben, wie wir sind
- Verbesserte Konfliktfähigkeit: Wir können blockierende Unstimmigkeiten leichter aus dem Weg räumen
- Höhere Problemlösekompetenz: Wir können Probleme besser lösen, die uns belasten
- Weniger Grübeleien und innere Unruhe: Wir konzentrieren uns auf die wirklich wichtigen Dinge
- Vermindertes Anerkennungs- und Bestätigungsbedürfnis: Wir sind nicht von der Meinung anderer abhängig

- Weniger Selbstzweifel und negative Gedanken: Wir blockieren oder boykottieren uns nicht selbst
- Reduzierung von Konflikten: Wir sind selbstsicher genug, nicht alles persönlich zu nehmen
- Vorbildfunktion: Wir zeigen unseren Kindern, wie Selbstliebe geht

Diese Aufzählung ist natürlich nicht abschließend. Fallen dir weitere Vorteile ein? Dann kannst du sie hier ergänzen:

- ____
- ____
- ____
- ____
- ____
- ____

Wir profitieren von all diesen Vorteilen – aber um dich selbst möglichst effektiv zum Dranbleiben zu motivieren, suchst du dir am besten drei Vorteile aus, die für dich ganz besonders attraktiv sind.

- ____

- ____

- ____

Du kannst dir diese Vorteile zum Ziel machen und irgendwo hinlegen oder -hängen, wo du sie jeden Tag sehen kannst. Stell dir vor, wie es sein wird, wenn du dieses Ziel erreicht hast!

SCHRITT 2
WIE GEHT SELBSTLIEBE?

Die Selbstliebe ist also der Schlüssel zu unglaublich vielen positiven Dingen. Kaum einer stellt ihre Wichtigkeit in Frage. Aber auch kaum einer kann uns so richtig sagen, wie das gehen soll: sich selbst (mehr) zu lieben. Wie wir uns so annehmen können, wie wir eben sind – und uns dabei auch noch gut zu fühlen.

Theoretisch hört sich das prima an: Selbstakzeptanz und -liebe aufbauen. Es gibt unzählige Übungen, Empfehlungen und Beispiele, wie man das erreichen kann. Viele davon findest du in den weiteren Schritten. Es sind so viele, dass wahrscheinlich für jeden etwas dabei ist. In der Praxis sehen wir uns jedoch schnell immer wieder vor das gleiche Problem gestellt: Die Beschäftigung mit diesen Übungen und Strategien bedeutet, dass wir etwas ganz alleine für uns selbst machen, ohne sichtbaren Mehrwert für den Rest der Welt. Um aber nachhaltig und kontinuierlich etwas alleine für uns zu tun, müssen wir uns das wert sein – wir brauchen also ein gutes Selbstwertgefühl. Für ein gutes Selbstwertgefühl wiederum ist es wichtig, sich selbst zu lieben. Und um das zu lernen, ist es wichtig, uns mit den Übungen und Strategien zu beschäftigen.

Da beißt sich die Katze in den Schwanz.

Elisa fehlt es an Selbstbewusstsein und nur zu gerne würde sie das ändern. Sie weiß, dass Achtsamkeit dabei helfen kann und nimmt sich vor, sich mehr um sich selbst zu kümmern. Jeden Tag möchte sie eine halbe Stunde Pause auf ihrer Terrasse einlegen, in Ruhe einen Kaffee trinken und ihre Umwelt bewusst wahrnehmen. Doch Elisa merkt schnell, wie sie Ausreden findet: Etwas anderes oder jemand anderer ist immer wichtiger. Ihre eigenen Bedürfnisse stehen bei ihr hinten an, weil sie ihnen nicht so viel Wichtigkeit zugesteht. So boykottiert sie sich selbst und verschenkt damit nicht nur viele Chancen, sich richtig gut auf ihrer Terrasse zu fühlen, sondern auch die Möglichkeit, ihr Selbstbewusstsein nachhaltig aufzubauen.

Du kannst dir hier einmal überlegen, was deine eigenen Ausreden sind. Welche schiebst du vor, wenn du dich nicht ausreichend um dich selbst kümmerst? Sie einmal erkannt, kannst du das nächste Mal vielleicht besser mit ihnen umgehen, sie eventuell sogar entkräften.

Ausrede 1:

Ausrede 2:

Ausrede 3:

Einer weiteren Schwierigkeit begegnen wir, wenn wir unser Leben bisher ganz nach den Bedürfnissen anderer ausgerichtet haben. Kümmern wir uns plötzlich mehr um uns, dann ist die Wahrscheinlichkeit hoch, dass es zu Irritationen bei unseren Mitmenschen kommt. Vielleicht entstehen sogar richtige Konflikte, wenn andere nicht mehr so über uns verfügen können, wie sie es gewohnt sind – denn sie erleben dabei einen Verlust (von Hilfe, Zuwendung, Unterstützung etc.). Diese Konflikte auszuhalten, ist nicht immer leicht. So richtig schwer kann es werden, wenn unser Selbstwertgefühl so niedrig ist, dass wir den Vorwürfen glauben, die uns eventuell entgegengebracht werden. Selbst, wenn die Angst vor Konflikten eigentlich unbegründet ist (weil wir zum Beispiel ein sehr verständiges Umfeld haben oder weil sich unsere Freunde sowieso schon wünschen, wir würden mehr an uns selbst denken), kann bei geringem Selbstbewusstsein die irrationale Angst davor so mächtig sein, dass sie uns lähmt.

Gibt es Konflikte, die du befürchtest, wenn du dich mehr um dich selbst kümmerst? Mit wem? Und wie wird sich dieser Konflikt deiner Meinung nach darstellen?

Person 1:

____

Konflikt 1:

____

____

Person 2:

____

Konflikt 2:

____

____

Person 3:

____

Konflikt 3:

____

____

Wenn unsere Selbstliebe wächst, dann wird es uns von Mal zu Mal unwichtiger, was andere über unsere Entscheidungen und Prioritäten denken – aber dahin müssen wir erst einmal kommen.

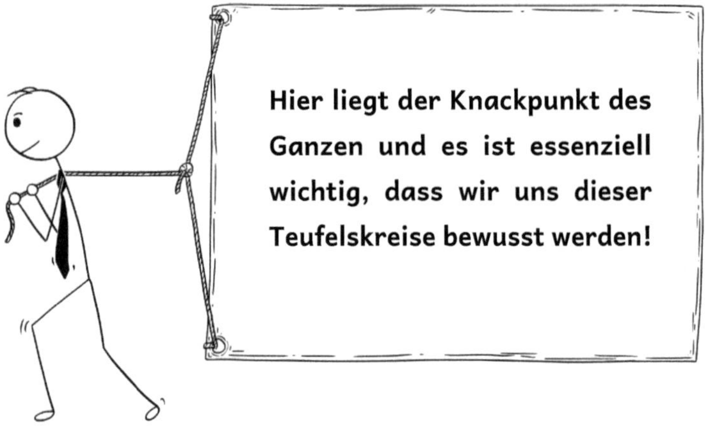

Unser Erfolg hängt hauptsächlich davon ab, ob wir sie durchbrechen können. Erst wenn wir das schaffen, können wir uns effektiv, sinnvoll und nachhaltig mit dem Aufbau von Selbstliebe beschäftigen.

Welche Möglichkeiten haben wir also, diesem Dilemma zu entkommen? Drei Tricks können helfen ...

FAKE IT TILL YOU MAKE IT!

Das bedeutet, dass wir so lange so tun als ob, bis dieses „als ob“ wirklich wahr wird. Wir stellen uns also vor, wir hätten bereits eine Menge Selbstwertgefühl. Wie würden wir uns fühlen? Wie würden wir auftreten? Wie wäre unsere Haltung? Wie würden wir handeln? Sicherlich würden wir uns verlässlich darum kümmern, dass es uns gut geht. Wir hätten dafür Zeit und Lust, denn wir wären es uns wert. Also, lasst uns so tun, als wäre es so!

Dieser Trick ist ein sehr mächtiges Instrument, denn er schlägt zwei Fliegen mit einer Klappe: Er kann uns nicht nur dabei helfen, an unseren Übungen und neuen Gewohnheiten dranzubleiben, er ist selbst eine – sehr effektive – Übung. Denn wenn wir so tun als ob, werden in unserem Gehirn ganz ähnliche Prozesse wie bei der tatsächlichen Erfahrung ausgelöst. Neue neuronale Pfade werden genutzt und Bereiche aktiviert, die für das Denken, Fühlen und Wahrnehmen im Zusammenhang mit „ich bin wertvoll“ zuständig sind. Diese Bereiche sind denen für reale Erfahrungen sehr ähnlich. Wir kommen unserem Ziel immer näher, je öfter wir sie benutzen.

BLINDE DISZIPLIN

Das ist ein Trick, der sehr nützlich bei der Etablierung neuer Gewohnheiten sein kann. Dafür beschließen wir etwas und verbieten es uns gleichzeitig, für eine bestimmte Zeit (zum Beispiel zwei Wochen) zu hinterfragen, was wir tun. Wir machen es einfach! Es ist ein bewusstes Versprechen an uns selbst, das jetzt „einfach mal durchzuziehen“. Wenn wir Zweifel bekommen oder sich ein innerer Widerstand bei uns meldet, stellen wir auf Durchzug und folgen strikt, beharrlich und stur unserem Plan. Das funktioniert meist besser, als man meinen könnte – wenn wir es uns wirklich ernsthaft vornehmen. Probiere es aus!

SCHUTZBLASE

Stellen wir uns bildlich vor, wir wären von einer Art Blase umgeben: fein, flexibel und durchsichtig wie eine Seifenblase, aber dennoch unzerstörbar. Wir können mit anderen in Kontakt treten, doch keiner kann uns etwas tun. Wir sind in uns selbst geschützt und was wir von außen nicht annehmen wollen, prallt an dieser Blase einfach ab.

Am besten, wir benutzen gleich alle drei Tricks auf einmal, um uns so gut wie möglich den Rücken freizuhalten. Wir ziehen es also stur durch, stellen uns unsere Schutzblase vor und tun dabei so, als ob wir unseren Zielen schon wesentlich näher wären, als es eigentlich der Fall ist.

Und was genau ist es, das wir nun durchziehen? Das entscheidest du! Wie schon erwähnt, gibt es unzählige Übungen und Strategien, um deine Selbstliebe zu stärken. Viele davon sind in den nächsten Schritten beschrieben. Finde heraus, welche davon dich ansprechen, welche du regelmäßig anwenden kannst, auf welche du Lust hast (oder anfänglich auch nur: bei welchen du dir nicht zu doof dabei vorkommst).

Auch das Lesen dieses Buches ist eine Strategie, um deine Selbstliebe zu stärken. Je bewusster du das machst, desto besser.

SCHRITT 3
DER INNERE KRITIKER

Kennst du sie auch: Diese innere Stimme, die mit dir schimpft, wenn du einen Fehler gemacht hast? Die an dir herumnörgelt und dich im Vergleich mit anderen schlecht dastehen lässt?

Bei nicht wenigen Menschen kann dieser innere Kritiker richtig gemein und sogar beleidigend werden. Ist er besonders böse, dann lässt er uns nicht einschlafen und hält uns von Dingen ab, die wir eigentlich gerne tun würden. Es ist also kein Wunder, dass er nicht gerade hilfreich bei der Stärkung der Selbstliebe ist. Tatsächlich kann er sogar richtig erfolgreich unsere Fortschritte untergraben und uns klein halten – wenn wir es zulassen.

Diese Stimme ist die Summe unserer frühkindlichen Erziehungserfahrungen und gesellschaftlicher Erwartungen. Im Grunde ist sie ein Schutzmechanismus, um uns vor negativen Reaktionen von außen zu bewahren. Und wenn sie uns freundlich und konstruktiv kritisiert, dann ist sie durchaus auch hilfreich: Sie spornt uns an, berichtigt Fehler, achtet darauf, dass wir nach unseren Werten leben und sorgt dafür, dass wir in der Gesellschaft gut zurechtkommen.

Doch das Bild, das dieser innere Kritiker von uns hat, ist meist verfälscht. Es entstand bereits in unserer frühen Kindheit – immer dann, wenn wir kritisiert wurden. Diese Urteile und Bewertungen von anderen wurden von uns einfach übernommen. Sie konnten nicht hinterfragt oder relativiert werden, denn dazu waren wir als kleines Kind noch nicht fähig.

Unsere innere Stimme hat manchmal auch ein sehr einseitiges Bild davon, wie Dinge generell zu sein haben. Eine weitere Sache, die wir von den Bezugspersonen unserer Kindheit unhinterfragt übernommen haben.

Unser kritischer Anteil sieht uns also meist nicht objektiv und unvoreingenommen, sondern durch die Brille einiger weniger Menschen von früher – und so ist auch einiges von seiner Kritik heute überhaupt nicht gerechtfertigt. Je strenger und kritisierender unsere Erziehung war, desto kritischer ist meist auch unsere innere Stimme. Leider belässt sie es oft nicht dabei, unser bloßes Handeln zu kritisieren, sondern stellt gleich unsere ganze Person in Frage. Dann gehen uns Gedanken durch den Kopf, die uns niedermachen, abwerten, beleidigen oder bloßstellen. Wir sprechen hier von dysfunktionalen Gedanken.

Wenn du sie deine innere Stimme sagen hörst, dann stoppe sie sofort – oft hilft dabei ein laut ausgesprochenes „Stopp!" – und berichtige sie unverzüglich.

Dysfunktionalen Gedanken begegnen wir am besten mit förderlichen Gegengedanken. Hier ein paar Beispiele:

Wie doof bin ich eigentlich?

➡ Ich bin trotz Fehlern liebenswert.

Was habe ich dumme Kuh da schon wieder angerichtet?

➡ Ein Fehler? Prima, daraus kann ich etwas lernen!

Ich bin einfach nur hässlich!

➡ Mein/e ... finde ich ganz ok.

Um etwas zu bitten ist aufdringlich und schwach.

➡ Es ist in Ordnung, wenn ich etwas brauche.

Ich bekomme nichts auf die Reihe.

➡ Ich habe heute ... geschafft.

Sie mögen mich nicht.

➡ Es ist ok, wenn ich jemandem nicht gefalle.

Wenn ich eine Bitte ablehne, bin ich egoistisch.

➡ Ich stehe zu meinen Grenzen.

Ich kann das nicht und mache es sicher falsch.

➡ Ich werde auch gemocht, wenn ich Fehler mache.

Wenn deine innere Stimme immer wieder das gleiche Thema herunterleiert, denkst du die förderlichen Gedanken am besten schon, bevor sie etwas sagen kann. So nimmst du ihr den Wind aus den Segeln!

Manchmal hilft es, sich seinen inneren Kritiker als kleines Kind bildlich vorzustellen, um ihm seine Macht zu nehmen. Das Kind plappert unreflektiert Dinge nach, die es irgendwo aufgeschnappt hat und motzt dich an, wenn etwas nicht nach seinem Kopf läuft oder nicht in seine kindliche Weltanschauung passt. Du kannst es in Gedanken in den Arm nehmen und beruhigen: Es braucht sich nicht so viele Sorgen um dich zu machen, du kommst ganz gut klar.

Nach dem Mädelsabend wieder zu Hause schwirren Gabi nun, wie so oft, sehr kritische Gedanken durch den Kopf. Ihr innerer Kritiker schimpft mit ihr: Sie war zu laut, zu selbstbezogen und hat den anderen nicht genug Raum gelassen. Wie immer! Ganz bestimmt finden die anderen sie jetzt richtig doof! Sie ist einfach ein sozialer Vollpfosten und ...
„STOPP!“
Gabi hat ihren selbstzerstörerischen Gedankengang glücklicherweise erkannt und unterbrochen. Nun stellt sie sich ihren inneren Kritiker als kleines Kind in Windeln vor, das vor sich hin schimpft. Gabi muss bei dem Gedanken lächeln und sie sagt beruhigend, aber bestimmt zu ihm: „Mich muss nicht jeder mögen und ich bin genau richtig, so wie ich bin! Mach dir deswegen keine Sorgen.“ Gabi ist noch nicht so weit, ihren Worten auch wirklich Glauben zu schenken. Aber zumindest tut sie so als ob und fühlt sich schon ein Stückchen besser.

SCHRITT 4
GEFÜHLE UND BEDÜRFNISSE

Einen Hinweis für traumatisierte Menschen bezüglich unterdrückter Gefühle und Bedürfnisse findest du am Anfang des Buches.

Kannst du deine Gefühle bewusst wahrnehmen? Das ist gar nicht so leicht. Sind sie unangenehm (wie zum Beispiel Trauer, Wut oder Scham), sind wir versucht, sie zu unterdrücken oder herunterzuspielen. Sie einfach sein zu lassen und wertfrei auszuhalten ist eine Herausforderung – aber auch ein deutlicher Schritt hin zur Selbstakzeptanz. Vielleicht hilft es dir zu wissen: Wir sind nicht unsere Gefühle, wir empfinden sie nur.

Doch auch wenn Gefühle angenehm sind, fällt es uns manchmal schwer, sie einfach nur zu beobachten und wahrzunehmen. Wir wollen sie dann relativieren, trauen ihnen nicht, haben Angst vor ihrem Ende oder denken, wir haben sie nicht verdient. Sie voll und ganz auszukosten und zu genießen, hat jedoch viel mit Selbstliebe zu tun. Es lohnt sich, wenn wir uns diese Gefühle zugestehen und uns auf sie konzentrieren.

Auch das Aushalten von Widersprüchen bei unseren Gefühlen ist wichtig, um unsere Selbstliebe zu stärken. Wir müssen uns nicht für ein Gefühl entscheiden – wir dürfen auch Chaos, Reibung und Tiefe in uns haben.

Evelyn ist im Gefühlschaos, seit sie sich von Tom getrennt hat. Sie ist auf der einen Seite erleichtert, weil die Streitereien wegfallen, die sie sehr belastet haben; auf der anderen Seite fühlt sie sich nun in ihrem großen Haus richtig einsam. Sie ist wütend auf Tom, weil sie viele Dinge ablehnt, die er getan hat. Gleichzeitig vermisst sie ihn aber auch sehr und wünscht sich manchmal, er wäre noch da. Diese Ambivalenz kann sie schlecht aushalten und hat das Gefühl, sich entscheiden zu müssen. Findet sie Tom nun doof oder will sie ihn zurück? Ist sie erleichtert, dass die Beziehung zu Ende ist oder wünscht sie sich eine Neuauflage? Erst, als sie sich selbst zugestehen und akzeptieren kann, dass sie alles gleichzeitig fühlt, kommt sie etwas zur Ruhe.

Ein wichtiger Part der Selbstfürsorge ist es, uns um die Erfüllung unserer Bedürfnisse zu kümmern. Um uns selbst das zu geben, was wir wirklich brauchen, müssen wir zuerst einmal wissen, was genau das ist. Das Erkennen unserer Bedürfnisse ist nicht minder schwer als deren Erfüllung. Wir brauchen dazu Zeit und Ruhe, um in uns hineinzuhören und darauf zu achten, wonach wir uns sehnen.

Wenn unsere Bedürfnisse erfüllt sind, fühlen wir uns ausgeglichen, zufrieden und glücklich. Deswegen eignen sich zum Aufspüren unserer unerfüllten Bedürfnisse besonders gut unangenehme Gefühle – denn genau die sind es, die zeigen, dass uns etwas fehlt. Wenn wir diese unangenehmen Gefühle nicht „wegmachen“, überspielen oder verdrängen und uns stattdessen mit ihnen beschäftigen, sie anschauen und ihren Ursprung suchen, dann können sie sehr viel darüber erzählen, was genau es ist, das uns im Moment fehlt.

Gut möglich haben wir uns in dieser schnelllebigen Zeit so sehr an die Unterdrückung unserer Bedürfnisse gewöhnt, dass wir gar nicht merken, wie sehr wir uns damit selbst ablehnen – und damit unsere Selbstliebe untergraben. Wir sagen viel zu oft „Ja" zu anderen, nehmen uns so gut wie nie Zeit für uns selbst und haben keine Ahnung, wie sehr wir uns von uns selbst entfremdet haben. Selbstliebe heißt unter anderem, diese Selbstentfremdung aufzudecken, um ihr langsam, aber stetig entgegenwirken zu können.

Achtung! Das, was wir uns wünschen, ist nicht immer das, was wir wirklich brauchen. Allerdings steckt hinter einem Wunsch meist ein tieferes Bedürfnis – und das können wir auf ganz unterschiedliche Weise erfüllen. Wenn wir erkannt haben, was wir brauchen, können wir kreativ werden, um es uns zu geben.

Robin wünscht sich schon lange eine Rolex. Leider liegt diese Armbanduhr weit über seinen finanziellen Möglichkeiten. Als er über das Bedürfnis hinter seinem Wunsch nachdenkt, findet er heraus, dass es ihm vor allem um Anerkennung und Respekt geht. Eine Rolex, als Zeichen von Prestige, würde ihm das verschaffen – so seine Vorstellung. Robin ist über diese Erkenntnis nicht sehr glücklich, denn eigentlich möchte er sich nicht so sehr von der Anerkennung anderer abhängig machen. Er beschließt, es mit Übungen zur Selbstliebe und mit Selbstfürsorge zu versuchen, um seinen Fokus vom Außen ins Innere zu lenken und sich damit selbst Anerkennung entgegenzubringen. Außerdem fällt ihm auf, dass er durchaus des Öfteren Anerkennung von anderen erfährt, diese aber nicht wirklich annehmen kann. Auf ein „Toll, wie du das hinbekommen hast!“ antwortet Robin oft mit so etwas wie: „Das war ja nicht so schwer“ oder: „Ich hatte einfach Glück“. Er nimmt sich vor, Komplimente und Lob nun bewusster aufzunehmen und wirken zu lassen.

NO

SCHRITT 5
GRENZEN SETZEN

Unsere eigenen Bedürfnisse aufspüren und erfüllen, Selbstfürsorge, Übungen zur Selbstliebe – für all das brauchen wir Zeit, Raum und Energie. Das wiederum heißt, wir müssen Grenzen setzen, um unsere Ressourcen zu schützen. Damit zeigen wir uns und anderen, dass wir unsere eigenen Bedürfnisse, Gefühle und unser Wohlbefinden ernst nehmen: Wir beweisen Selbstachtung!

Auch und gerade bei unseren Beziehungen ist es wichtig, für uns selbst einzustehen. Schaffen wir das nicht, entstehen leicht toxische Verbindungen und Abhängigkeiten. Wenn wir jedoch unsere Grenzen setzen können, fördert das den gegenseitigen Respekt und das Verständnis. Konflikte können vermieden oder effektiv gelöst werden. Grenzen helfen uns also, gesunde und erfüllende Beziehungen zu führen.

Vor allem aber ist das Setzen unserer Grenzen fundamental wichtig, um unsere körperliche, mentale und emotionale Gesundheit zu schützen. Niemand hat das Recht, sie zu überschreiten.

Leider fällt uns das Grenzen setzen manchmal sehr schwer. Der Grund hierfür ist die Angst vor Konflikten, andere zu verletzen oder abgelehnt zu werden. Es erfordert eine ganze Menge Mut, „Nein“ zu sagen. Und anfänglich fühlt es sich vielleicht auch noch nicht wirklich gut an.

Das liegt aber nicht daran, dass wir auf dem falschen Weg sind, sondern daran, dass sich die Angst vor Ablehnung lebensbedrohlich anfühlen kann. Diese Angst ist noch ein Überrest aus früheren Zeiten, als der Ausschluss eines Einzelnen aus der (Dorf-)Gemeinschaft wirklich auch dessen Tod bedeuten konnte. So entsteht ein reales Gefühl der Bedrohung, für die es rational jedoch keinen Grund (mehr) gibt.

Erst einmal erkannt, dass Grenzen setzen eine enorme Angst auslösen kann, können wir uns damit auseinandersetzen und das Gefühl bewusst hinterfragen: Werden wir wirklich abgelehnt oder gar ausgeschlossen, wenn wir diesen einen Gefallen nicht machen oder jene Bitte ausschlagen?

Interessanterweise passiert oft das genaue Gegenteil: Zeigen wir Selbstachtung, dann nimmt auch die Achtung zu, die uns entgegengebracht wird. Kurzfristig kann ein „Nein“ zwar zu Verärgerung führen (und das auszuhalten müssen wir manchmal erst einmal lernen), aber langfristig werden der Respekt und die Anerkennung eher steigen.

Hier ein paar Vorschläge, wie man freundlich und bestimmt Grenzen setzen kann:

- „Es ist für mich wichtig, dass ... Wie können wir uns einigen?“
- „Ich merke, dass ... meine Grenze überschreitet. Ich schlage vor ...“
- „Ich verstehe, dass du Unterstützung brauchst. Ich bin im Moment nicht in der Lage, diese zu bieten.“
- „Ich schätze unsere Beziehung und sie ist mir sehr wichtig, aber ich brauche momentan mehr ...“
- „Ich fühle mich damit nicht wohl. Kannst du bitte mit ... aufhören?“
- „Ich freue mich über dein Angebot, aber ich kann zurzeit ... nicht übernehmen.“
- „Vielen Dank für die Einladung, aber ich fühle mich nicht danach/habe etwas anderes vor.“
- „Ich sehe, dass das für dich wichtig ist. Aber ich muss Nein sagen.“

Wenn wir respektvoll, aber klar kommunizieren, stoßen wir andere nicht so leicht vor den Kopf. Ob du deinem Gegenüber erklärst, warum diese Grenze gerade wichtig für dich ist, bleibt dir überlassen. Pass nur auf, dass Erklärungen kurz, knapp und nachdrücklich sind und nicht zur Rechtfertigung werden. Wir müssen uns nicht erklären, wenn wir uns selbst und unsere Bedürfnisse schützen.

Wichtig ist auch, dass wir bei uns selbst bleiben und den anderen nicht beschuldigen oder verletzen – beides kann bei Rechtfertigungen leicht passieren. Wenn wir uns darauf beschränken, was wir wollen/brauchen/fühlen, entziehen wir den Nährboden für Diskussionen. Wenn wir Empathie zeigen (zum Beispiel „Ich verstehe, dass du …"), signalisieren wir dem anderen, dass wir nicht gegen ihn handeln, sondern für uns.

SCHRITT 6

INNERE DIALOGE

Der gute Freund, die gute Freundin bekommt meist viel mehr Verständnis und Trost, als wir für uns selbst übrighaben. Wir lieben sie trotz und manchmal sogar wegen ihrer Launen und kleinen Macken. Sobald es aber um uns selbst geht, sind wir oft hart und ungerecht. Dabei können wir unsere Selbstliebe ungemein steigern, wenn wir lernen, uns selbst freundschaftlich zu begegnen.

Wir können anfangen, uns bei unangenehmen Gefühlen und Erfahrungen, Fehlern und Missgeschicken zu fragen: Wie würde ich jetzt mit einer guten Freundin oder einem guten Freund umgehen? Was würde ich sagen? Was würde ich tun? Und diese Antworten wenden wir dann bei uns selbst an. Wir können uns vorstellen, wie wir uns in den Arm nehmen und liebevoll mit uns reden.

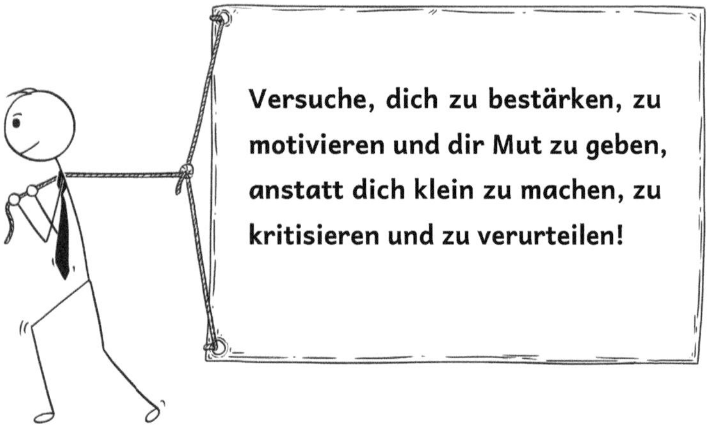

Unser innerer Dialog hat eine große Wirkung darauf, was wir über uns denken. Wie wir uns sehen bestimmt, wie wohl wir uns mit uns fühlen und das wiederum hat Einfluss auf unser Selbstbewusstsein. Unsere inneren Gespräche sind also ein machtvolles Werkzeug: Sie können unsere Selbstliebe stärken oder aber boykottieren – je nachdem, wie wir sie führen.

Wie wir negative Gedanken und Aussagen in positive, konstruktive Formulierungen umwandeln können (wir sprechen hier von Reframing), haben wir bereits beim inneren Kritiker in Schritt 3 gelernt. Wir durchbrechen damit negative Gedankenmuster und entwickeln eine positive Einstellung.

Was uns dabei helfen kann:

- Wir überprüfen unsere Gedanken auf Wahrheit: Würde unsere Lieblingsperson dem zustimmen?
- Wir fokussieren Lösungen und Strategien, anstatt uns auf Probleme zu konzentrieren.
- Wir betrachten Situationen aus einem anderen Blickwinkel und suchen nach positiven Aspekten.
- Wir üben uns in Nachsicht, Wertschätzung und Fehlertoleranz gegenüber uns selbst.

Hast du noch eigene Ideen, wie du dysfunktionale Gedanken in konstruktive, wohlwollende Formulierungen umwandeln kannst?

- ______________________________
- ______________________________
- ______________________________
- ______________________________

In einem inneren Dialog können wir uns auf schöne Dinge aufmerksam machen und festhalten, was gerade gut läuft. Durch beruhigendes Zureden reduzieren wir in Stresssituationen Angst und Sorgen, indem wir uns an unsere Fähigkeiten und Ressourcen erinnern, die wir haben, um mit einer Situation fertig werden zu können.

Je mehr du dir angewöhnst, so oft wie möglich einen freundlichen, aufmunternden und wohlwollenden inneren Dialog zu führen, je mehr Platz du dafür einräumst, umso weniger Möglichkeiten hat dein innerer Kritiker, zum Zug zu kommen.

SCHRITT 7
AUTHENTIZITÄT

Dass Selbstliebe dabei hilft, uns authentisch zu zeigen, ist wahrscheinlich den meisten von uns klar. Wenn wir aber erst gar nicht so lange warten und mutig ins kalte Wasser springen, kann umgekehrt ein „sich zeigen“ auch zu mehr Selbstliebe verhelfen. Wie das?

Wenn wir uns so zeigen, wie wir sind, ist das ein großer Schritt hin zu uns selbst. Wir machen das alleine für uns, um ganz wir selbst sein zu können. Das zeugt von Selbstfürsorge, denn wir verstecken uns nicht schamhaft, sondern erlauben uns, unsere Persönlichkeit und unsere Werte zum Ausdruck zu bringen. Das wiederum kann unser Selbstbewusstsein stärken. Auch der Umgang mit anderen Menschen wird erleichtert. Erst, wenn wir uns nicht mehr verstellen, können wir echte, authentische Beziehungen aufbauen.

Sich authentisch zu zeigen, heißt:

- Statt uns für unsere Fehler zu schämen, nehmen wir sie als Teil unserer Persönlichkeit an – und versuchen, sie uns zu verzeihen.

- Wir machen uns klar, dass wir stolz auf unsere Talente und Fähigkeiten sein und sie mit anderen teilen können.

- Wir äußern mutig unsere Meinungen und Überzeugungen, auch wenn sie nicht von allen geteilt werden.

- Wir übernehmen Verantwortung für unser Handeln. Gleichzeitig wissen wir, dass wir für die Gefühle und Reaktionen, die dieses Handeln bei anderen auslöst, nicht verantwortlich sind.

- Wir zeigen anderen unsere ehrlichen Emotionen, anstatt sie zu verdrängen, kleinzureden oder abzulehnen.

Gerade das Zeigen von Verletzlichkeit und Emotionalität fällt uns manchmal schwer, denn eine Reihe von Menschen sehen das leider immer noch als Schwäche an. Meist sind es diejenigen, die selbst ihre Emotionen, Gefühle und Bedürfnisse unterdrücken oder sogar ablehnen.

Dabei ist die Fähigkeit, Emotionen zu empfinden bzw. auszudrücken – richtig eingesetzt –, eine sehr große Stärke. Sie fördert Authentizität und Integrität in zwischenmenschlichen Beziehungen und trifft manchmal viel genauer den Nagel auf den Kopf, als jede kognitive Herangehensweise es könnte. Emotionen zeigen uns, wo der Hund begraben liegt und worum wir uns wirklich kümmern sollten.

Sich authentisch zu zeigen und zu geben, schließt auch unseren Körper mit ein. Wenn wir uns seiner schämen und ihn verstecken wollen, kann das unsere Lebensqualität massiv beeinträchtigen. Schwimmbad- oder Saunabesuche, der Einkaufsbummel oder unser Liebesleben – nichts davon können wir dann unbeschwert genießen...

Kleiner Exkurs für Frauen

Viele Menschen hadern mit ihrem Körper. Dass besonders Frauen ihrem Aussehen so viel Wert beimessen, ist tief in gesellschaftlichen Strukturen verwurzelt. Schönheit war für sie jahrhundertelang das effektivste (und manchmal auch das einzige) Mittel, um soziale Anerkennung zu erlangen. Ihr Wert wurde durch Schönheit bestimmt, während ihre inneren Qualitäten oft in den Hintergrund traten.

Es kann für Frauen ein sehr wichtiger Schritt sein, sich diesen Zusammenhang bewusst zu machen. Denn wenn sie sich weiterhin überwiegend auf ihr Äußeres konzentrieren, fördern sie ihre passive Rolle und laufen Gefahr, vor allem als Objekte betrachtet zu werden.

Zur Selbstliebe gehört in jedem Fall auch die Körperliebe. Damit ist gemeint, dass wir unserem Körper positive Gefühle und Gedanken entgegenbringen und gut zu ihm sind. Es geht dabei um einen gelassenen und realistischen Umgang mit unserem Aussehen und um unsere Erlaubnis, dass wir auch äußerlich nicht perfekt sein müssen. Wir konzentrieren uns nicht auf unsere Mängel, sondern erkennen die vielen schönen Seiten an uns.

Während die Optimierung unseres Äußeren (durch Bodybuilding, Diäten, Operationen etc.) auf kurzfristige Ergebnisse abzielt (die oft unrealistisch oder ungesund sind), führt die Körperliebe durch ihre Stärkung des Selbstwertgefühls langfristig zu einem gesünderen und glücklicheren Leben.

Doch wie können wir lernen, unseren Körper zu lieben? Einiges Werkzeug hast du schon an die Hand bekommen. Den inneren Kritiker (von Schritt 3) können wir beruhigen und sein Gemecker mit positiven oder zumindest neutralen Gedanken ersetzen. Dem „Ich bin so dick geworden, in meinem Badeanzug sehe ich aus wie eine Presswurst" setzen wir ein lautes „Stopp!" entgegen und sagen uns stattdessen zum Beispiel: „Mein Körperumfang hat sich verändert. Ich werde mir etwas Hübsches kaufen, was mir besser passt und meiner neuen Figur schmeichelt."

In Schritt 4 haben wir gelernt, auf unsere Bedürfnisse zu achten. Auch unser Körper sagt uns, was er gerade braucht – ob es um Nahrung, Bewegung oder Ruhe geht. Leider haben viele von uns aufgehört, auf seine Stimme zu achten und bringen sie vielleicht sogar mit regelmäßigen Diäten, starren Trainingsplänen oder anderen kognitiven Kontrollmechanismen zum Schweigen.

Spüre einmal ganz bewusst nach, was die Bedürfnisse deines Körpers sind. Was fühlt sich für ihn gut an? Was fühlt sich für ihn gesund an? Wir können Essen und Bewegung, aber auch Schlaf und Ruhe richtig genießen, wenn wir unserem Körper geben, was er im Moment wirklich braucht.

Wie in Schritt 6 beschrieben, können wir uns Komplimente über unser Äußeres machen. Vielleicht jedes Mal, wenn wir vor dem Spiegel stehen? Ganz sicher gibt es auch Dinge, die uns an unserem Körper gefallen! Vielleicht ist es der Schwung der Augenbrauen, das schöne Profil, die Form der Nase, die Naturwelle, die hübschen Finger, die süßen Zehen oder der interessante Bauchnabel. Sag es dir! Sag dir, was dir an deinem Körper gefällt!

Am besten, du lächelst noch dabei, auch wenn dir das zunächst etwas komisch vorkommt oder schwerfällt. Das Lächeln ist eine Wunderwaffe, denn dabei fängt das Gehirn an, Glückshormone zu produzieren. Die wiederum verursachen, dass wir uns wirklich besser fühlen.

SCHRITT 8
SELBSTFÜRSORGE

Selbstfürsorge bedeutet, fürsorglich mit uns selbst umzugehen:

- uns selbst Gutes tun
- sicherstellen, dass wir bekommen, was wir wirklich brauchen (also unsere Bedürfnisse erfüllen)
- persönliches Wohlbefinden regelmäßig (wieder-)herstellen
- durch Persönlichkeitsentwicklung wachsen
- Ressourcen aktivieren, ausbauen und pflegen
- nachsichtig mit uns selbst sein
- für sinnliche Genussmomente sorgen
- uns gut abgrenzen

Die Folgen von mangelnder Selbstfürsorge können sehr weitreichend sein. Wir laufen Gefahr, das Selbstwertgefühl, das uns dadurch fehlt, durch Lob und Anerkennung von außen zu kompensieren.

Vielleicht identifizieren wir uns auch zu sehr über eine Rolle (zum Beispiel Mutter, Angestellter, beste Freundin, pflegender Angehöriger, Unternehmerin etc.). Dann gehen wir hauptsächlich auf äußere Anforderungen ein und in unserem Engagement dafür so auf, dass wir uns selbst vernachlässigen und vielleicht sogar verlieren. Die Sinnhaftigkeit unseres Lebens geht nach und nach verloren, langfristig sinken Motivation und Energie und das Leben fühlt sich immer schwerer an.

Tragisch daran ist auch, dass wir so unseren Kindern bzw. der kommenden Generation den Mangel an Selbstliebe vererben. Kinder lernen zu großen Teilen durch Nachahmung und Vorbilder. Wenn wir ihnen nicht vormachen, wie das mit der Selbstfürsorge geht, wird es ihnen schwerer fallen, sich selbst zu lieben. Wir verpassen die Chance, ihnen beim Aufbau eines guten Selbstwertgefühls zu helfen, um damit ein erfüllteres und zufriedeneres Leben führen zu können.

Der bewusste Aufbau von Selbstliebe hilft nicht nur uns und unserem eigenen Wohlbefinden, sondern wirkt sich auch positiv auf unsere Familie, unsere Arbeit und unser gesamtes Umfeld aus. Wenn wir uns um uns selbst kümmern, profitieren also langfristig auch andere; ganz besonders diejenigen, die uns nahestehen. Dieses Wissen hilft vielleicht, wenn sich Selbstfürsorge anfänglich doch noch etwas egoistisch anfühlt.

Wir haben viele Möglichkeiten, fürsorglich mit uns selbst umzugehen. Nachfolgend findest du zahlreiche Ideen, um dir Gutes zu tun. Du kannst die Dinge umkreisen, die dich am meisten ansprechen und eigene Ideen hinzufügen.

- im Café sitzen und Leute beobachten
- früh schlafen gehen oder einen Mittagsschlaf machen
- Sport treiben
- spazieren gehen
- sich mit (s)einem Haustier beschäftigen
- mit Kindern herumalbern
- einen romantischen Abend mit dem Partner/der Partnerin verbringen
- Sex
- mit Freunden treffen
- eine gute Freundin oder einen guten Freund anrufen
- feiern
- einer Selbsthilfegruppe beitreten
- in einem Verein aktiv sein
- es sich mit Kerzen gemütlich machen
- einen Tag frei nehmen und sich nur treiben lassen
- sich selbst ein Geschenk machen

- Persönlichkeitsentwicklung
- Pläne schmieden
- Ziele setzen
- eine Bitte ablehnen
- einen Termin verschieben oder absagen
- Tagebuch schreiben
- etwas Gesundes essen
- mindestens zwei Liter am Tag trinken
- sein Lieblingsgericht ohne Ablenkung genießen
- schick essen gehen
- schminken und stylen
- schöne Kleidung, schöne Unterwäsche tragen
- einen Einkaufsbummel machen
- ein Schaumbad nehmen
- den Körper eincremen
- eine Gesichtsmaske auftragen
- in einen Kosmetiksalon (zum Friseur, ins Nagelstudio) gehen
- Nägel selbst lackieren
- einen Saunabesuch machen
- Yoga
- Meditation

- Tiefenentspannung/Atemübungen/Selbsthypnose
- Achtsamkeitsübungen
- nach Hilfe fragen/Hilfe annehmen
- ein Museum besuchen
- in ein Konzert gehen
- ein Theaterstück anschauen
- ins Kino gehen
- einen guten Film auf der Coach anschauen
- Musik hören
- tanzen
- spielen
- musizieren / komponieren
- lesen
- kreatives Schreiben
- malen/zeichnen
- anderweitig kreativ sein
- einen interessanten VHS-Kurs besuchen
- sich beruflich fort- bzw. weiterbilden
- etwas Neues lernen
- kochen/backen
- Handarbeit

- Handwerk
- reisen
- lachen: etwas Lustiges anschauen/lesen/hören
- Wasser: ans Meer, an einen See gehen
- Wind spüren
- in die Berge gehen
- einen Freizeitpark besuchen
- Handy-Sperrzeiten und/oder -zonen festlegen
- natürliche Duftöle verwenden
- eine Pause machen und gar nichts tun
- eine Weile bewusst in der Sonne sitzen
- Blumen ins Haus holen

Auch die Strategien aus diesem Buch gehören zur Selbstfürsorge:

- Zeit für sich nehmen
- Übungen zur Selbstliebe
- dem inneren Kritiker die Macht nehmen
- negative Gedanken durch positive Aussagen ersetzen
- freundlich mit sich selbst reden
- seine Bedürfnisse wahrnehmen

- seine Bedürfnisse erfüllen
- Grenzen setzen

Was fällt dir noch ein?

- ____
- ____
- ____
- ____
- ____
- ____
- ____
- ____
- ____
- ____
- ____
- ____

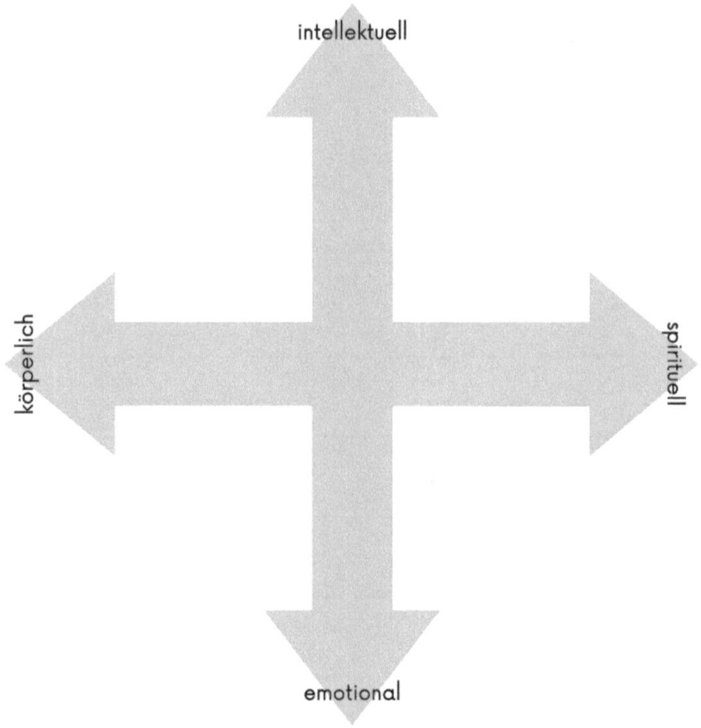

In diesem Diagramm kannst du ein Kreuz für jeden deiner markierten bzw. notierten Begriffe machen. Wo genau würdest du sie einordnen? Ist jeder Bereich (körperlich, intellektuell, spirituell und emotional) abgedeckt? Falls nicht: Möchtest du die Begriffe vielleicht so ergänzen, dass eine Ausgewogenheit entsteht?

Hier kannst du jetzt sechs Dinge aufschreiben, die dich am meisten angesprochen haben – und gleich schon festlegen, wann genau du sie umsetzen möchtest.

Was möchte ich machen? Wann ?

__________________ __________________

__________________ __________________

__________________ __________________

__________________ __________________

__________________ __________________

__________________ __________________

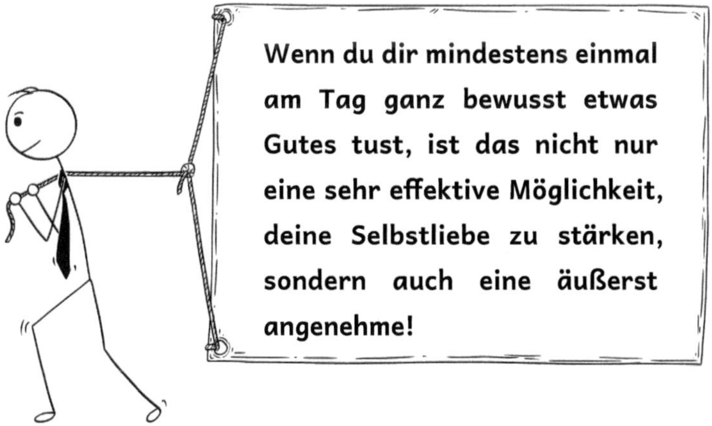

SCHRITT 9
ÜBUNGEN FÜR MEHR SELBST-LIEBE UND SELBSTAKZEPTANZ

Du kannst dir unter den folgenden Übungen eine aussuchen, die du die nächsten zwei Wochen mit blinder Disziplin (wie in Schritt 2 auf Seite 26 gelernt) durchziehen möchtest. Nach den zwei Wochen schaust du, wie wirksam sie für dich ist und machst entweder weiter oder versuchst eine neue. Gib nicht auf, wenn eine Sache für dich nicht funktioniert – dann gelingt es mit der nächsten oder übernächsten.

EINE KLEINE ATEMÜBUNG

ist leicht und schnell gemacht - und so effektiv! Sie verhilft unmittelbar zu mehr Stabilität, Ruhe und Gelassenheit. Dafür atmest du einfach ruhig in deinen unteren Bauch ein (stell dir vor, du bläst ihn auf), wartest drei Sekunden und atmest dann tief und langsam alle Luft wieder aus. Das wiederholst du ein paar Mal. Die bewusste Atmung beeinflusst das vegetative Nervensystem und wirkt beruhigend und entspannend. Mit sehr wenig Aufwand kannst du so deinem Körper Gutes tun.

AFFIRMATIONEN

oder auch Mantras sind positiv formulierte, mutmachende Sätze, die eine enorme Wirkung auf unsere Selbstliebe haben können. Sie sind in der Lage, unser Gehirn ein Stück weit umzuprogrammieren: Unser Kopf will das Positive, das ihm in Aussicht gestellt wird, auch erreichen und arbeitet darauf hin.

Impulse für Affirmationen

- Jeder sieht mich durch seine eigene Brille – wie ich wirklich bin, weiß nur ich.
- Ich bin genug.
- Ich bin von innen und außen schön.
- Ich habe schon viel in meinem Leben geschafft.
- Ich atme Selbstbewusstsein ein und Ängste und Zweifel aus.
- Ich bin einzigartig.
- Ich glaube an mich.
- Alles, was ich brauche, ist in mir.
- Ich kann und ich werde (...).
- Ich erschaffe schöne Momente.
- Ich lebe mit Absicht und Sinn.

Die aufgezählten Affirmationen sollen nur Beispiele sein, um dir Anregungen zu geben. Deine ganz persönlichen Mantras formulierst du am besten selbst. Das kann eine ganze Liste sein oder auch nur ein bis drei Formulierungen, die du nach einer Weile austauschst. Sie wirken am besten, wenn du sie regelmäßig (mindestens aber einmal täglich) laut oder auch nur still in Gedanken wiederholst.

Achtung! Das Unterbewusstsein kennt keine Verneinung. Wenn du also sagst: „Ich habe keine Angst!", dann signalisierst du ihm nur „Angst". Besser sind Formulierungen wie: „Ich bin sicher" oder: „Ich habe Mut".

KOMPLIMENTE

hören wir uns manchmal an, ohne sie ernst oder bewusst wahrzunehmen. Schreibe alle netten Dinge auf, die zu dir gesagt wurden und ergänze sie, wann immer etwas Neues dazu kommt. Auch hier gilt: Je regelmäßiger du diese Aufzählung durchliest (deine Komplimente bewusst „einatmest“), desto größer die Wirkung auf deine Selbstliebe.

EIN LIEBEVOLLER BLICK IN DEN SPIEGEL

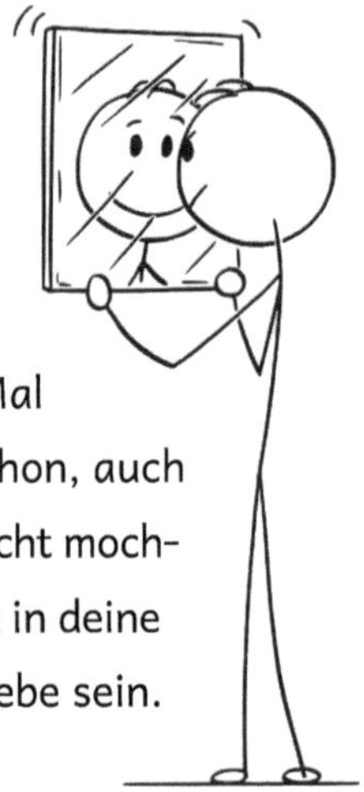

hilft dabei, deinen Körper anzunehmen und wertzuschätzen. Konzentriere dich dabei erst auf die Teile deines Körpers, die du magst – um zu spüren, wie es sich anfühlt, dir selbst Wertschätzung entgegenzubringen. Wenn du das ein paar Mal gemacht hast, schaffst du es vielleicht schon, auch die Teile wertzuschätzen, die du bislang nicht mochtest. Auch ein langer, wohlwollender Blick in deine Augen kann ein guter Anfang für Selbstliebe sein.

DEINE STÄRKEN UND FÄHIGKEITEN

kannst du auf einer Liste festhalten. Schreibe alles auf, was dir einfällt. Besonders wichtig ist, dass du diese Liste regelmäßig liest und sie immer wieder mit allem ergänzt, was dir noch dazu einfällt.

DEINE SCHWÄCHEN

Ja, richtig gelesen. Auch eine Auflistung deiner Schwächen kann dabei helfen, deine Selbstakzeptanz zu stärken, denn damit nimmst du sie erst einmal an. Manchmal setzt du sie damit auch (wieder) ins richtige Verhältnis, denn einmal aufgeschrieben sind sie nicht mehr so allgegenwärtig und mächtig wie in deinen Gedanken und Vorstellungen.

VERGLEICHE

aber nur mit dir selbst; denn dich mit anderen Menschen zu vergleichen, ist ziemlich absurd, so unterschiedlich wie wir alle sind. Außerdem vergleichen wir schnell unsere eigenen Schwächen mit den Stärken von anderen – eine ziemlich unfaire Sache!

Nimm dir Zeit, Papier und Stift und frage dich:

- Was habe ich in den letzten zehn Jahren gelernt?
- Was kann ich heute, was ich damals noch nicht konnte?
- Welche lieben Menschen habe ich kennengelernt, die ich damals noch nicht kannte?
- Gibt es Dinge, vor denen ich die Angst verloren habe? Welche waren das?
- Welche Träume habe ich wahr werden lassen?
- Was habe ich geschafft, für das ich vor zehn Jahren noch keinen Mut hatte?
- Welche Krisen habe ich überstanden? Bin ich an ihnen gewachsen?

EIN DANKBARKEITSTAGEBUCH

hilft zu erkennen, wie schön das Leben sein kann – wenn man den positiven Dingen Aufmerksamkeit schenkt. Schreibe jeden Abend mindestens drei Dinge auf, die gut gelaufen sind oder dir einfach Freude gemacht haben. Das können auch Kleinigkeiten wie ein Lächeln oder eine Blume sein. Glückshormone werden nicht nur ausgeschüttet, wenn wir schöne Sachen erleben, sondern auch, wenn wir an sie denken. Mit deinem Dankbarkeitstagebuch hast du sozusagen einen Quell an Glückshormonen.

Du kannst sogar noch weitergehen und deinen Anteil an diesen schönen Dingen festhalten: Du wurdest angelächelt, weil du selbst gelächelt hast; du hast ein Kompliment bekommen, weil dir etwas gut gelungen ist; du konntest die schöne Blume sehen, weil du dich zu einem Spaziergang ermutigtest. So steigerst du zusätzlich noch deine Selbstwirksamkeit.

VORFREUDE

lässt dich gut in den Tag starten: Überlege am Morgen (vielleicht sogar noch vor dem Aufstehen?), auf welche drei Dinge du dich freust. Die Sache mit der Ausschüttung von Glückshormonen bei Gedanken an etwas Schönes funktioniert nicht nur in der Nachschau, sondern auch in der Erwartung. Vorfreude macht dich glücklich. Sollten dir keine drei Dinge einfallen, dann erschaffe dir welche. Vielleicht möchtest du eine liebe Person anrufen? Vielleicht nimmst du dir vor, eins deiner Leibgerichte zu kochen? Oder du gehst in der Mittagspause in den Park und legst dich in die Sonne?

Hier kannst du notieren, für welche Übung du dich als erstes entscheidest – und wann du damit startest.

Übung:

____

Start:

____

Gregor plagen immer wieder starke Selbstzweifel. Auch wenn ihm das anfänglich sehr seltsam und aufgesetzt erscheint, sagt er sich immer dann, wenn er in den Spiegel schaut: „Ich bin genau richtig, wie ich bin.“ Teile von ihm versuchen bereits nach den ersten paar Malen, ihn zum Aufgeben zu bringen, machen sich sogar über ihn lustig. Aber er hatte sich selbst das Versprechen gegeben, es unhinterfragt mindestens zwei Wochen lang zu versuchen. Nach etwas über einer Woche merkt er, wie ihm sein Mantra weniger aufgesetzt erscheint. Tatsächlich bekommt er ein sehr positives Gefühl dabei, wenn er sich sagt, dass er richtig ist. Diese Erfahrung – eine kleine, aber doch merkliche Veränderung in seinem Fühlen – hilft ihm, auch nach den zwei Wochen damit weiterzumachen.

SCHRITT 10
DRANBLEIBEN TROTZ STOLPERSTEINEN

Das Leben in der heutigen Zeit ist sehr komplex und getaktet. Meist haben wir einen großen Zeit- und Termindruck und generell auch eine sehr hohe Arbeitsbelastung. Ständig prasseln neue Informationen auf uns ein, die wir kaum verarbeiten können. Zahlreiche Entscheidungen müssen immer wieder getroffen werden und es fällt nicht leicht, unseren verschiedenen Rollen gerecht zu werden. Diesem Hamsterrad des Alltags können wir nur schwer entkommen – möglich ist das meist nur mit einem festen Vorsatz und dessen konsequenter Verfolgung.

Ist unsere Selbstliebe noch nicht so groß, erleben wir eine erhöhte Außenorientierung. Wir haben den Wunsch zu gefallen und tun viel, um Anerkennung zu erhalten. Wie spüren einen Druck, Leistungen erbringen zu müssen und konzentrieren uns bei Problemlösungen auf äußere Umstände. Das lässt wenig Raum, um uns auf uns selbst zu besinnen.

So ist das Wichtigste und wahrscheinlich auch das Schwierigste, uns täglich Zeit für uns selbst und unsere Entwicklung zu nehmen. Die größte Herausforderung dabei ist das Durchbrechen der bei Schritt 2 erwähnten Teufelskreise: Je nötiger wir die Zeit brauchen, damit unsere Selbstliebe wachsen kann, umso weniger möchten wir sie uns zugestehen, weil wir es uns insgeheim nicht wert sind. Und je dringender wir uns von anderen abgrenzen sollten, um unsere Ressourcen zu schützen, desto schwerer fällt uns das, weil wir uns den Konflikten nicht gewachsen fühlen, die daraus entstehen könnten.

Mit der Selbstliebe ist es wie bei einer Lawine: Wir fangen mit kleinen Übungen an und daraus entstehen erste, zarte Gefühle von Selbstakzeptanz. Machen wir weiter, wird daraus ganz langsam Selbstliebe und die wiederum veranlasst uns automatisch, uns mehr um uns zu kümmern. Durch diesen Automatismus wird es immer leichter, uns Zeit für uns selbst zu nehmen.

Durch Selbstliebe ändern sich auch unsere Denkweisen und Perspektiven: Wir werden wohlwollender uns selbst gegenüber und das hat einen fürsorglicheren Umgang mit uns zur Folge. Das Bedürfnis, gut zu uns selbst zu sein, steigt damit stetig. Und so wird aus dem Teufelskreis ein positiver Kreislauf – oder eben eine Lawine, die, einmal begonnen, immer schneller ins Rollen kommt.

Deshalb ist es wichtig, dass wir sehr bedacht und realistisch Zeiten festlegen, an denen wir uns exklusiv Zeit für uns nehmen. Unterschätze diesen Schritt nicht, denn in ihm liegt der Erfolg oder das Scheitern für Dein ganzes Vorhaben. Der beste Vorsatz bleibt nur ein Vorsatz, wenn er nicht praktikabel umgesetzt werden kann.

Versuche, ganz in Ruhe zu überlegen:

1. Wie viel Zeit habe ich täglich, um meine Selbstliebe bewusst und gezielt zu stärken?

Dabei gibt es keine Vorgaben. Berücksichtige deine Lebenssituation und bleibe realistisch: Es muss sich gut anfühlen. Nimmst du dir zu viel vor, bleibst du nicht dabei. Für den Anfang reichen auch ein paar Minuten am Tag. Jedes bisschen zählt und tatsächlich durchgeführte fünf Minuten sind wesentlich besser als eine vorgenommene Stunde.

Hast du das Gefühl, sowieso schon viel zu wenig Zeit zu haben? Dann ist es ratsam, etwas aus deinem Tagesplan „rauszuschmeißen" – und die freie Zeit ganz alleine für dich zu nutzen. Betrachte dazu deine Aufgaben mit möglichst großem Abstand: Wie wichtig sind sie wirklich? Für wen sind sie wichtig? Mache ich sie alleine für mich oder aus Erwartungsdruck von außen? Viele Dinge stellen sich objektiv gesehen als viel unwichtiger heraus, als sie im Hamsterrad erscheinen.

Der Anfang ist am schwersten! Doch mit besserem Selbstwertgefühl wird mit hoher Wahrscheinlichkeit auch dein allgemeiner Stress nach und nach weniger.

2. Wann nehme ich mir diese Zeit?

Hier ist es wichtig, dass du etwas findest, was auch wirklich jeden Tag gut funktioniert. Am besten kombinierst du die Zeit mit etwas, das du sowieso schon regelmäßig machst. Falls du kein Morgenmuffel bist, könntest du zum Beispiel zehn Minuten früher aufstehen und es dir in deinem Lieblingssessel bequem machen. Oder du nutzt die tägliche Zeit im Bus. Auch das Zähneputzen eignet sich für kleine Mantras, die du deinem Spiegelbild sagst.

Meine ausgesuchte Übung (Seite 71) mache ich täglich zu folgender Zeit:

Wir sollten uns auch im Klaren darüber sein, dass wir höchstwahrscheinlich Rückschritte erleben und zwischenzeitlich in alte Muster zurückfallen werden – einfach, weil das menschlich ist. Wir lieben unsere Gewohnheiten und Routinen, sie lassen uns sicher fühlen. Wenn wir etwas daran ändern (das schließt die Aufnahme einer neuen Routine mit ein), kann das einen inneren Widerstand auslösen.

Dieser Widerstand kommt bei dem einen früher, bei dem anderen später – er kommt dann, wenn unser Unterbewusstsein gegen eine Änderung der Gewohnheiten ankämpfen will. Wenn wir jetzt trotzdem dranbleiben, haben wir die Möglichkeit, wirklich etwas zu ändern. Sobald nämlich die neue Routine feste Gewohnheit geworden ist, kommt die innere Sicherheit zurück und der Widerstand wird kleiner und kleiner – bis er sich ganz auflöst.

Rückfälle oder Rückschritte sind an sich gar nicht schlimm. Wichtig ist, wie wir damit umgehen. Wir könnten uns mit Selbstvorwürfen überschütten und frustriert aufgeben, weil wir es ja doch nicht schaffen. Oder aber wir analysieren den Grund für den Rückschritt und justieren die Bedingungen.

Clara hatte sich vorgenommen, jeden Morgen nach dem Aufstehen 15 Minuten lang zu meditieren. Das klappt fünf Tage lang gut, aber dann kommt sie eines Morgens nicht rechtzeitig aus dem Bett – und damit aus der Routine. Am nächsten Tag denkt sie: „Jetzt kommt es auch nicht mehr darauf an" und bleibt wieder länger liegen. Mehrere Tage macht sie keine Meditation mehr, hat ein schlechtes Gewissen und ist versucht, den ganzen Selbstliebekram als Reinfall zu den Akten zu legen. Doch dann überlegt sie, was ihre Routine gestört hat und ihr wird bewusst, dass das frühere Aufstehen für sie – als Morgenmuffel – eine Quälerei war. Als Clara ihre Meditation auf den Abend verlegt, fällt der Stolperstein des Frühaufstehens weg und sie hat viel mehr Spaß an ihrer neuen Routine.

Ein Rückfall ist keine Schwäche und darf uns keinen Grund geben, uns dafür fertig zu machen. Er kann uns näher ans Ziel bringen, wenn wir aus ihm lernen. Falls du durch ihn deine Motivation verlierst und nicht mehr so richtig weißt, warum dir das Ganze so wichtig war (das kann leicht passieren), können deine ausgewählten Hauptvorteile von Schritt 1 (Seite 18) weiterhelfen. Nutze sie, indem du sie dir noch einmal ganz genau vor Augen hältst.

Für manche von uns kann Perfektionismus ein weiteres Hindernis sein. Wir möchten alles richtig machen und hoffen auf ein hoch effektives Ergebnis. Es frustriert uns, wenn es dann nicht gleich so klappt wie vorgestellt. Nach dem Motto „ganz oder gar nicht“ sind wir versucht aufzugeben. Vielleicht geben wir uns auch - bewusst oder unbewusst - die Schuld für unser „Versagen" und werten uns deswegen ab. Weil wir diese Gefühle schlecht aushalten, kehren wir der Sache dann lieber ganz den Rücken zu.

Wenn wir akzeptieren, dass Rückschritte sein dürfen und wir nicht immer alles perfekt machen müssen, dann haben wir nicht nur einen großen Stolperstein aus dem Weg geräumt, wir zeigen zudem noch Verständnis mit uns selbst und stärken alleine damit schon unsere Selbstliebe.

NACHGANG

WAS KANN ICH MIT MEINEM NEUEN WISSEN ANFANGEN?

Du hast jetzt das Grundwissen, um aktiv deine Selbstliebe und damit auch dein Selbstwertgefühl zu stärken. Du weißt nun, warum das so wichtig ist und wie du mit Stolpersteinen umgehen kannst.

Wenn du das Erlernte in deinen Alltag integrierst, kannst du erleben, wie sich die Selbstliebe Stück für Stück in dir ausbreitet – und wie gut das tut! Du hast viele Möglichkeiten an die Hand bekommen, sie zu stärken. Probiere, was für dich effektiv und nachhaltig funktioniert. Deine notierten Vorteile helfen dir, dabei motiviert zu bleiben.

Du kannst deinen Kindern bzw. deinem Umfeld ein Vorbild sein, indem du Selbstfürsorge lebst. Deine Beziehungen können sich verbessern und wahrscheinlich wirst du insgesamt zufriedener.

Aus Rückschritten kannst du lernen, ohne gleich aufzugeben. Du kannst dranbleiben!

NACHGANG
ICH WILL MEHR!

Selbstliebe wächst durch Selbstfürsorge und das wiederum heißt unter anderem auch, unsere Lebensgestaltung nach unseren eigenen Werten und Bedürfnissen auszurichten. Wenn du die Kleine-Ratgeber-Reihe magst, kannst du mit Hilfe der Bände „Bedürfnisse“ und „Werte“ herausfinden, was du wirklich brauchst und was dir wichtig ist.

Du kannst nach Angeboten in deiner Nähe zu den Themen Achtsamkeit, Meditation, Yoga, Persönlichkeitsentwicklung etc. recherchieren. Manchmal lernt und übt es sich in der Gruppe besser. Aber auch Angebote für Dinge, die dir einfach nur Spaß machen, können dabei helfen, deine Selbstliebe größer werden zu lassen.

Unzählige Bücher und Podcasts vertiefen die Themen Selbstliebe, Selbstakzeptanz, Selbstwert, Selbstbewusstsein und Selbstfürsorge. Wenn dich ein Bereich besonders interessiert, kannst du eine Menge gute Literatur dazu finden. Stellvertretend hervorgehoben seien hier die Bücher von Stefanie Stahl über Selbstliebe und -annahme, die Bücher von Katie Byron, die sich vorrangig mit dysfunktionalen Gedanken beschäftigt und die Bücher der

Professorin Kristin Neff, die seit mehr als 25 Jahren über Selbstmitgefühl forscht.

Alexis Skillten begleitete schon viele Menschen auf dem Weg zu mehr Klarheit, Selbstfürsorge und innerer Stärke. Mit einem großen und vielfältigen Erfahrungsschatz aus der Tätigkeit im Coaching, in der psychologischen Beratung und der langjährigen Kursleitung für Persönlichkeitsentwicklung verbindet Alexis fundiertes Fachwissen mit praktischen Erkenntnissen. Die verständliche und alltagstaugliche Darstellung von komplexen inneren Prozessen und das Erschaffen eines Raumes für ehrliche Selbsterkenntnis und nachhaltige persönliche Entwicklung ist Alexis' Motivation zum Scheiben.

Bedürfnisse
In 10 Schritten zu mehr Achtsamkeit, Selbstfürsorge und Zufriedenheit

von Alexis Skillten

80 Seiten

ISBN
978-3-91111-020-4

Mehr Zufriedenheit. Mehr Erfüllung. Mehr du.

Dieser kleine Ratgeber zeigt dir ohne viel Blabla, wie du deinen Bedürfnissen auf die Spur kommst. Gefühle wahrnehmen, Wünsche hinterfragen, Bitten äußern: Praktische Impulse und klare Schritte bringen dich direkt ins Tun.

Du willst wissen, was du wirklich brauchst und wie du es bekommen kannst? In zehn klar strukturierten Schritten erhälst du verständliche Erklärungen, praxisnahe Übungen und alltagstaugliche Impulse.

Ideal für alle, die sich selbst besser spüren, für sich einstehen und mit mehr innerer Klarheit durchs Leben gehen wollen.

Werte

In 10 Schritten zu mehr Authentizität, Selbstreflexion und Integrität

von Alexis Skillten

60 Seiten

ISBN
978-3-91111-021-1

Mehr Authentizität. Mehr Integrität. Mehr du.

Du willst wissen, wer du bist und was dir wirklich wichtig ist? Mit diesem kleinen Ratgeber kannst du es herauszufinden. Du bekommst Werkzeuge an die Hand, mit denen du deine Werte klar benennen, prüfen und neu sortieren kannst. Ohne komplizierte Begriffe, dafür mit vielen praktischen Impulsen.

Du lernst, alte Vorstellungen loszulassen, Prioritäten zu setzen und Entscheidungen stimmiger zu treffen. Das Buch ist als Einstieg ins Thema und als persönliches Workbook zur Wertefindung gleichermaßen geeignet.

Perfekt für alle, die sich selbst besser verstehen und ein Leben führen wollen, das wirklich zu ihnen passt.

Der kleine Ratgeber

Schritt für Schritt
kurz, knapp und effektiv
das Wichtigste zum Thema

Manchmal wollen wir kein dickes Buch – sondern ein kleines mit Substanz. **Der kleine Ratgeber** richtet sich an alle, die mehr über ein Thema wissen wollen, aber keine Zeit und Lust haben, sich durch endlose Texte zu kämpfen.

Ohne Umwege und ohne komplizierte Theorien führt jeder Band in zehn klaren Schritten durch ein zentrales Thema. Der Fokus liegt dabei auf leichter Verständlichkeit und praktischer Umsetzbarkeit.

Wissen braucht kein Blabla

Printed in Poland
by Amazon Fulfillment
Poland Sp. z o.o., Wrocław

52657453R00049